EMMANUEL JAFFELIN

Caderno de exercícios de

gentileza

Ilustrações de Jean Augagneur
Tradução de Maria Ferreira

Editora Vozes
Petrópolis

© Éditions Jouvence S.A., 2016
Chemin du Guillon 20
Case 1233 — Bernex
http://www.editions-jouvence.com
info@editions-jouvence.com

Título original em francês:
Petit cahier d'exercices de gentillesse

Direitos de publicação em
língua portuguesa — Brasil:
2020, Editora Vozes Ltda.
Rua Frei Luís, 100
25689-900 Petrópolis, RJ
www.vozes.com.br
Brasil

Todos os direitos reservados.
Nenhuma parte desta obra poderá
ser reproduzida ou transmitida
por qualquer forma e/ou
quaisquer meios (eletrônico ou
mecânico, incluindo fotocópia
e gravação) ou arquivada em
qualquer sistema ou banco de
dados sem permissão escrita
da editora.

CONSELHO EDITORIAL

Diretor
Gilberto Gonçalves Garcia

Editores
Aline dos Santos Carneiro
Edrian Josué Pasini
Marilac Loraine Oleniki
Welder Lancieri Marchini

Conselheiros
Francisco Morás
Ludovico Garmus
Teobaldo Heidemann
Volney J. Berkenbrock

Secretário executivo
João Batista Kreuch

Editoração: Leonardo A.R.T. dos Santos
Projeto gráfico: Éditions Jouvence
Arte-finalização: Sheilandre Desenv.
Gráfico
Revisão gráfica: Nilton Braz da
Rocha
Capa/ilustrações: Jean Augagneur
Arte-finalização: Editora Vozes

ISBN 978-85-326-6500-3 (Brasil)
ISBN 978-2-88911-705-5 (Suíça)

Editado conforme o novo
acordo ortográfico.

Este livro foi composto e impresso
pela Editora Vozes Ltda.

Dados Internacionais de Catalogação na Publicação (CIP)
(Câmara Brasileira do Livro, SP, Brasil)

Jaffelin, Emmanuel
     Caderno de exercícios de gentileza / Emmanuel Jaffelin ;
ilustrações de Jean Augagneur ; tradução de Maria Ferreira. —
Petrópolis, RJ : Vozes, 2020. — (Coleção Praticando
o Bem-estar)

     Título original: Petit cahier d'exercices des gentillesse
ISBN 978-85-326-6500-3

     1. Gentileza   I. Augagneur, Jean. II. Título.
III. Série.

20-34906   CDD-177.7

Índices para catálogo sistemático:
1. Gentileza : Ética das relações sociais   177.7

Cibele Maria Dias — Bibliotecária — CRB-8/9427

☆Questionário☆
de introdução ao assunto

Para você, a gentileza é:

- ❏ Uma qualidade inata
- ❏ Algo que vale a pena estimular
- ❏ Uma falha de caráter
- ❏ O antípoda do sucesso social
- ❏ Uma arte de viver
- ❏ Uma forma de fraqueza
- ❏ Um meio hipócrita de alcançar seus objetivos
- ❏ Uma pequena virtude
- ❏ Um meio de criar um vínculo
- ❏ Um ato nocivo
- ❏ Ao contrário, um ato de amor
- ❏ Um sintoma
- ❏ Um ato de submissão
- ❏ A moral dos pobres
- ❏ Uma forma de cinismo
- ❏ Uma forma de inteligência emocional
- ❏ Um caminho para a paz
- ❏ Uma escolha
- ❏ Uma filosofia menosprezada
- ❏ Um mundo a ser redescoberto

"A gentileza é a coragem que sorri."

Jules Renard

Introdução

No início era a gentileza. Ou não. Pouco importa. O importante é agora e amanhã. Se você abriu este caderno é porque o futuro o preocupa. Mas de que serve dar a ele as cores da gentileza? Há pelo menos duas razões para colorir **gentilmente** os tempos vindouros.

A primeira razão indica que a gentileza é algo que você cultiva. Talvez você veja nessa atitude **uma força** que constrói **fortalezas**. Ontem seu chefe caiu ao chão e você o ajudou a se levantar! Acertou em cheio! Uma boa jogada! E você nem o considera especialmente simpático. Mesmo assim se abaixou, perguntou se estava tudo bem, propôs ajudá-lo a se levantar e, depois de servir de apoio e de guindaste, pegou os óculos dele que voaram - mas não se quebraram - cinco metros mais adiante. Resultado das atitudes: "Obrigado, você é gentil". E olha que faz um bom tempo que a relação não é muito florida! Mas para além desse cumprimento vindo de cima, fazia uma eternidade que alguém não (a) chamava de "gentil".

E, do nada, ao refletir sobre isso, você sentiu um bom humor envolver relações prisioneiras, até aqui, da hierarquia. Esse pequeno gesto quebrou o gelo do organograma para instaurar um calor agradável: os RH decretavam a paz! Uma rosa, sem mais nem porquê, florescia no lugar.

Dê três exemplos de uma situação em que você ajudou uma pessoa de quem não era fã, situação que permitiu:

Ex. 1: Sentir-se enobrecido(a), reconhecido(a), revalorizado(a) em seu lugar de trabalho pela pessoa beneficiada com seu gesto:

....

....

....

Ex. 2: Desencadear uma nova relação com uma pessoa que você pouco considerava:

....

....

....

....

Ex. 3: Buscar em si mesmo um reconforto vindo desse esforço que superou a relação negativa com a pessoa em questão e revelou que você era capaz disso:

....

....

....

....

A segunda razão para se comportar gentilmente é de um outro tipo. Você é gentil e sabe disso porque lhe dizem com frequência; mas não se atreve a assumi-lo porque os outros veem em seus atos uma fraqueza e parecem confiná-lo(a) na mediocridade. É verdade que sempre ouviu o beneficiário de seus atos agradecê-lo(a) com condescendência: "Obrigado por ter levado o lixo. Você é muito gentil!" Então, você abre este caderno com certa desconfiança: de que adianta continuar sendo gentil se é para ser mantido(a) nesse desprezo resumido pela fórmula "Bom demais para não ser um idiota"? O gentil não é aquele que usamos e, que no fundo, não respeitamos? Será que você não está lendo estas linhas na esperança de ser menos gentil e de aprender a dizer "não" em vez de se deixar manipular e instrumentalizar por tudo?

Dê três exemplos de um serviço prestado a uma pessoa que pediu que o fizesse e que depois o(a) considerou um(a) idiota:

Ex. 1:..
....
....
....
....
....
....
....

Ex. 2: ....
....
....
....
....
....
....

Ex. 3: ....
....
....
....
....
....
....

Estes exemplos explicam duas atitudes que atribuímos à gentileza: a primeira é incluída por acaso e nela se descobre uma força; a segunda o(a) importuna por necessidade, mas parece acomodar uma fraqueza. Este caderno não pretende de forma alguma, pois, converter os maus à gentileza, que apenas procuram a chance de dirigir um soco bem dado. Ele só pretende dar aos impetrantes um estímulo para que a ela se lancem com ardor e aos praticantes uma energia para que nela se perpetuem. Vamos dizer de outra forma: a gentileza não é nem fraqueza nem menosprezo. Ela é nobreza.

O saboroso papel do exemplo!

Ao longo deste caderno, e para fazer a experiência da gentileza, você será conduzido(a) a buscar alguns exemplos. Este caderno conta com a contribuição da nobre inteligência do(a) leitor(a) por meio dos exemplos que ele(a) se esforça para encontrar. Ao contrário do modo como é frequentemente apresentado, o exemplo não é apenas a ilustração de uma generalidade; ele é sobretudo o fruto de uma busca. O primeiro exemplo que vem à mente é muitas vezes o mais recente, mas o último tem chance de ser o mais profundo porque provém de vínculos que não estavam presentes no início de sua busca. O primeiro exemplo do ignorante que lhe vem ao espírito pode ser aquele de um aluno distraído, preguiçoso e que atrapalha a aula, com o qual você certamente conviveu. Mas durante sua terceira busca talvez você dê o exemplo de um aluno talentoso e inteligente que não se dobra a um sistema no qual ele se entedia, como Einstein que disse: "Preferiria suportar todo tipo de punição a aprender a dividir de cor e salteado". Na série de exemplos que buscar não acredite que você irá se repetir. Em vez disso, pense que, como para a planta, o primeiro exemplo é **um botão**, o segundo, **uma flor** e o terceiro, **um fruto**.

Um crescimento suave;
e sobretudo uma boa colheita!

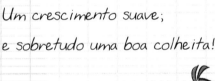

I - Um pouco de história!

Para se convencer de sua nobreza voltemos à origem do termo "gentileza". A ambiguidade da palavra explica por que desconfiamos quando alguém nos qualifica de "gentil". Hoje, quem aprecia ser chamado de gentil? Quantas vezes você não recusou ser apresentado(a) a alguém como uma "pessoa gentil"? Lembro-me de um dono de restaurante a quem pedi que a conta viesse rapidamente e que a trouxe no mesmo instante. Eu lhe disse: "Obrigado, você é gentil". Ele me respondeu: "Não, melhor dizer que sou simpático". Ao que retruquei: "Por que você prefere a palavra grega à palavra latina? Elas querem dizer a mesma coisa, a grega com menos nobreza!" Para compreender essa ambiguidade da gentileza e sair dela é preciso então descobrir a história dessa palavra de origem latina, cuja origem se encontra no mundo romano.

Primeiro momento: se todos os caminhos levam a Roma, saiba que a gentileza vem de lá! Mais exatamente, o gentil no século VII a.C. remete ao romano bem-nascido. Gentilis designa assim aquele que descende das cem famílias que fundaram Roma. Trata-se aqui de uma nobreza social, ligada ao nascimento. O nobre pertence a uma classe (Gens): ele está dentro, daí sua denominação de in-gennus.

Constatamos assim o vínculo existente entre o *gentilis* e o *ingenuus*: bem-nascido, aquele que é nobre se situa acima da multidão. Hoje, consideramos ainda que o *gentil* é *ingênuo*, mas em outro sentido: de **nobre**, ele tornou-se **crédulo**! A história das palavras não deixa de ser divertida!

Em meados do século XVIII, Voltaire publica um conto filosófico cujo herói, espectador de uma história movimentada, vê seu caráter evoluir da ingenuidade à sabedoria. Personagem crédulo no começo do conto, Cândido supera seu mestre no final: ele adota uma posição realista que remete passo a passo ao otimismo de Pangloss e ao pessimismo de Martin; ele se resigna com a existência do mal pela fórmula "é preciso cultivar seu jardim". A figura de Cândido é, assim, simbólica do Iluminismo, no qual a aristocracia domina a sociedade, mas no qual a razão nasce e, para além da ciência, põe fim ao poder do nascimento. De ingênuo aristocrata, o homem moderno deve se tornar engenheiro engenhoso de seu destino. *Cândido* é esse conto que articula a passagem entre dois aristocratas: o do nascimento e o do futuro.

Dê três exemplos em que foi considerado(a) "ingênuo(a)":

Ex. 1:...

....

....

....

....

....

....

Ex. 2:...

....

....

....

....

....

....

Ex. 3:...

....

....

....

....

....

....

Dê três exemplos em que considerou o(a) outro(a) ingênuo(a):

Ex. 1:...

....

....

....

Ex. 2:...

....

....

....

Ex. 3:...

....

....

....

Outro exercício para que você entre na história da gentileza; desta vez, pela via lexical. Encontre palavras construídas sobre a ideia latina e nobre de "gentes". Por exemplo, as gentes de letras representam a classe ou o grupo daqueles que são reunidos pelo seu estatuto de escritor. Há muitos outros grupos ou espécies designados por esse termo "gentes". Quais?

Indício 1: as gentes de..................................

Indício 2: a gente.......................................

Indício 2: as gentes do..................................

> **Soluções possíveis:**
>
> Ex. 1: as gentes de armas, sintagma que dará origem aos gendarmes. A classe (portanto), a "gente" daqueles que portam uma arma para defender um Estado; ou seja, os militares).
>
> Ex. 2: a gente alada: a classe dos animais que têm asas, principalmente os pássaros. Há igualmente a gente aquática, felina, ovina, canina etc. Atenção: a gente feminina é o conjunto das mulheres, não a gente feminina (a classe das mulheres aristocratas).
>
> Ex. 3: as gentes da viagem: os roms, ou seja, os romanichais, os ciganos, os manouches. Na França foi criada, em 3 de janeiro de 1969, a categoria jurídica Gitano, que substitui o termo "nômade".

Segundo momento: *o cristianismo, pois com ele surge o gentio*. A nova religião que aparece busca, como a religião judaica, designar por uma palavra aquele que não crê no mesmo deus. No caso, o bom Deus; ou seja, Cristo. Os judeus têm o termo "goy", que designa em hebreu aquele que não é judeu. Gentilis designa, portanto, aquele que ainda não é cristão. São Paulo é, assim, o Apóstolo dos Gentios. Ele busca converter aqueles que se desviam para outras crenças.*

A grande diferença entre o goy e o gentio é que o segundo deve se tornar cristão. Como alguns carros, o "gentio" é "conversível". O gentio é, pois, o ímpio – outrora o mau crente, hoje o ateu ou o agnóstico –, que é preciso trazer para Cristo.

---

* Na língua francesa a palavra gentil mesclou os dois significados, gentil e gentio.

Encontre termos que, mesmo não sendo sinônimos de "gentio" no sentido cristão, excluem aqueles que não pertencem a um grupo.

Termo 1: aqueles que não são muçulmanos:

....

....

....

....

....

Termo 2: aqueles que não são ciganos:

....

....

....

....

....

Termo 3: aqueles que não são nativos daqui ou de outro lugar:

....

....

....

....

....

....

....

....

Soluções:

Termo 1: *Dhimi*: o não muçulmano em árabe. *Kâfir* designa o descrente, o incréu, o infiel.

Termo 2: *Cadjé*: aquele que não é gitano [cigano espanhol] (é preciso então substituir na questão o termo cigano por "gitano").

Termo 3: *Monchu* designa em dialeto savoiardo o burguês, o turista, o pedante. Inicialmente, a palavra, que quer dizer *"monsieur"* [senhor], designava o notável, rural ou urbano, ou seja, o não savoiardo. Na Alsácia, os do Alto Reno chamavam os do Baixo Reno os "baxor"*. Cada povo, cada grupo social tem um termo para designar aquele que a ele não pertence; ou seja, o estrangeiro. Para os cristãos, o gentio é o estrangeiro que eles querem fazer entrar em sua "família", convertendo-o! Não se esquecer que para os gregos da Antiguidade os não gregos eram os "bárbaros", aqueles que não falavam grego, ignoravam os deuses e emitiam borborigmas! Em suma, você compreendeu que ali onde há estranheza há uma palavra para identificá-la e encobri-la, no lugar de descobri-la!

Anote, além do primeiro, dois exemplos de uma pessoa que o(a) considerou gentio(a) porque você não pertence ao grupo dela:

Ex. 1: Foi comparado ao caipira representado no cinema por Mazzaropi só por ser desajeitado para os padrões do grupo.

Ex. 2:...

....

....

Ex. 3:...

....

....

---

* Caipira que, para os habitantes das grandes cidades do Sudeste ou do Centro-oeste, designa aquele que nasceu ou mora na roça, que não tem muita instrução ou é muito desajeitado.

Terceiro momento: *a história de gentil e gentio.* Na Idade Média os dois sentidos – o romano e o cristão – se mesclam. Na França o senhor em seu castelo se volta para a Roma antiga e se autoproclama, desde o século XI, **gentilz hoem** (homem nobre), como na **Canção de Rolando**. As duas palavras se fundirão no Renascimento para dar o **Gentil-homme** [nobre]. Senhoras, fiquem tranquilas: se bem-nascidas, vocês são as **Gentes Dames** [damas].

Mas conseguem então imaginar a cena que ocorre no domingo na Igreja: o padre fala de São Paulo – o Apóstolo dos Gentios – ao nobre [gentil-homme] que veio assistir missa em família!

Os dois sentidos coabitam: o gentil é o **nobre** que entra na igreja a cavalo, mas também é o **ímpio** que crê mal, que o padre alfineta e que se mantém fora da Igreja.

Escreva três exemplos de agradecimentos que você recebeu quando simplesmente prestou um serviço. Agradecimentos que o(a) fizeram perceber que a pessoa considerou "nobre" o seu pequeno gesto; o que na verdade o surpreendeu, já que o fez mecanicamente! Como se sentiu naquele momento?

Ex. 1:..
....
....
....
....
....

Ex. 2:..
....
....
....
....
....

Ex. 3:..
....
....
....
....

Parabéns pelos três exemplos que fazem de você um construtor moral Para colocar em perspectiva seus exemplos e a força dos pequenos gestos, eis uma história que se passa na Idade Média: no século XII, um peregrino que caminha para Santiago de Compostela. Para, sob um calor sufocante, ao lado de um homem que enxuga a testa. Ele o saúda e pergunta-lhe: "O que está fazendo, meu caro?" E o homem lhe responde pegando novamente sua picareta: **"Quebrando pedras"**. Nosso peregrino vai embora e para duzentos metros mais adiante na frente de um homem que faz a mesma coisa e ao qual coloca a mesma questão. Sem parar, o homem lhe responde: **"Construindo um muro"**.

ESTA É A PRIMEIRA PEDRA DE MINHA CATEDRAL

O andarilho continua, mas é parado mais adiante por um homem que lhe oferece algo para beber. Depois de ter bebido, o peregrino devolve a concha de água ao homem, que a larga para pegar novamente sua picareta. Ele lhe pergunta: "E você, o que está fazendo?" O homem se dirige ao peregrino e, com os olhos brilhantes, responde-lhe: **"Construindo uma catedral"**. Conserve preciosamente essa ideia: em nossos pequenos gestos para o outro estamos construindo uma bela humanidade!

A Revolução Francesa colocou um fim ao privilégio do nascimento – a nobreza – mas igualmente à vontade de servir. Contrariamente à ideologia veiculada pelos manuais escolares e pela vulgata democrática, a Revolução Francesa não pôs fim à

monarquia: ela a generaliza e a transforma na metástase da república. O que caracteriza a França não é a abolição da servidão e dos servos (que ocorreu muito mais cedo em inúmeras regiões e sem revolução): é o desgosto de servir.

Redija três exemplos em que testemunhou essa recusa de servir que é mais cultural do que psicológica.

Ex. 1:..
....
....
....

Ex. 2:..
....
....
....

Ex. 3:..
....
....

E apresente também três exemplos que descrevam situações nas quais você se recusou a servir alguém,
pois o ato banal e anódino lhe pareceu vil e poderia
torná-lo um "plebeu" como na Idade Média!

Ex. 1:...

....

....

....

....

....

Ex. 2:...

....

....

....

....

....

Ex. 3:...

....

....

....

....

Cá entre nós, o que você pensa dessas reações?

....

....

....

....

....

....

....

....

....

....

....

Nas portas dos banheiros na França muitas vezes está escrito, quando não é um desenho, "Hommes" ou "Femmes". Nos países anglófonos você encontrará "Gentleman" ou "Ladies". Não pense que as mulheres são menos gentis e menos nobres do que os homens! O termo "Lady" designa a mulher vinda da nobreza, mas também a dona de casa em oposição aos domésticos. "Lady" é, então, o equivalente de "Sir" ou de "Lord", ou seja, de nobre. Pense que "Sire" equivale a Monseigneur [Meu senhor] em francês e estava reservado aos reis ou aos imperadores. Como exemplo de mulher nobre lembre-se de Lady Diana. Moral: os franceses veem os banheiros como um lugar onde a espécie humana deve se cindir em dois sexos; os ingleses, como um lugar onde o que vamos fazer ali nos enobrece!

Agora que você sabe um pouco mais sobre a história da gentileza... passemos às coisas sérias: seu cotidiano!

O objetivo? Repensar sua relação consigo mesmo(a), com os outros e com o mundo, para caminhar na direção da paz e das relações harmoniosas. Trabalho imenso, você me diria. Mas Roma não foi feita em um dia.

II - Aplicar a filosofia da gentileza no cotidiano

Para revalorizar a gentileza convém religá-la; não ao nascimento, mas à essência de nossa humanidade. Pouco importa de onde eu venho; o que conta, em contrapartida, é **para onde vou e o que decido fazer agora**. Com meus gestos desenho em minha vida um caminho.

Vamos então redefinir a gentileza: **ela consiste em prestar um serviço a quem o pede**. Um cego na rua me pergunta sobre o caminho que conduz à prefeitura; uma mãe com o carrinho de bebê me faz sinal para que eu segure a porta do metrô; uma pessoa idosa deseja saber se eu poderia lhe ceder meu assento em um ônibus. Nesses três exemplos eu não me **sacrifico**: eu **presto um serviço**, ou seja, eu demonstro ativamente a **empatia**, essa maneira de partilhar a dificuldade do outro.

Indique três exemplos, como os apontados acima, em que você prestou um serviço ao responder a uma solicitação de alguém:

Ex. 1: ....

....

....

....

....

....

....

....

Ex. 2: ....

....

....

....

....

....

Ex. 3:...

....

....

....

....

Se a gentileza consiste em prestar um serviço à pessoa que o pede, eu passo à ação porque experimento empatia por essa pessoa. Eu partilho sua dificuldade e me ofereço como sua solução. Observemos, contudo, que nem toda empatia desencadeia um ato de gentileza. Há, assim, **três formas de empatia**: uma muito quente, uma quente e uma fria.

Espontaneamente religue as seguintes situações à Solicitude (empatia muito quente), à Gentileza (empatia quente) ou ao Respeito (empatia fria).

Não estacionar na vaga para "pessoas com deficiência", ainda que esteja livre.

A solicitude

Deixar livre o lugar destinado às pessoas com deficiência caso alguém necessitado chegue depois de mim.

A gentileza

O respeito

Deixar livre o lugar destinado às pessoas com deficiência e verificar se uma pessoa com mobilidade reduzida nesse meio-tempo o utilizou para ajudá-la se ela assim o desejar.

Soluções:

Comecemos pela empatia, que está na moda; ou seja, **pelo respeito** que se baseia em uma **empatia fria**. Um exemplo que todos nós conhecemos permite ilustrá-lo facilmente: deixo vago o lugar do estacionamento reservado às pessoas com deficiência. O respeito obriga. Por meio desse sentimento o direito dita uma regra me obrigando aqui a compensar a dificuldade da pessoa com deficiência com uma vantagem material. Uma vez que para ela seria difícil encontrar um lugar para estacionar e para se deslocar se o fizesse longe da entrada em questão, eu me aproprio dessa dificuldade. Estacionar mais longe do que previsto significa então me apropriar da deficiência, ou mesmo me reconhecer pontualmente "com deficiência" pela distância que deveria percorrer a pé. Mas a vida social apoia-se nesse reequilíbrio das forças e fraquezas de cada um.

O respeito define, assim, um quadro frio e minimalista que permite à sociedade acalmar os ardores egoístas. Em compensação dessa vantagem adquirida a pessoa que dela se beneficia "se vira" sozinha. Ela tem esse lugar reservado quando chove muito, mas retira sozinha e tranquilamente sua cadeira de rodas que está no banco de trás do carro. O respeito obriga tanto o doador como o beneficiário! A pessoa com deficiência geralmente não pede ajuda, pois tem consciência de já ter se beneficiado de um privilégio; quanto a mim, me considerei tão penalizado pela distância que nem me vem à cabeça ir até o lugar vago do estacionamento - vago, mas reservado -, verificar se ele foi ocupado por algum veículo e se posso ajudar a pessoa a sair deste!

Lembre-se de três situações em que você fez a alguém um favor decorrente da gentileza porque ele tinha direito, como no exemplo do lugar de estacionamento reservado às pessoas com deficiência. Direito que você não esqueceu.

Ex. 1:...

....

....

....

....

....

....

Ex. 2:...
....
....
....
....
....
....
....
....
....

Ex. 3:...
....
....
....
....
....
....
....
....
....
....
....

Na outra ponta do espectro da empatia **a solicitude** se revela uma **empatia muito quente**: ela me leva a adivinhar a dificuldade do outro como ilustra o filme "O fabuloso destino de Amélie Poulain". A jovem espia seus vizinhos, não por voyeurismo, mas por um altruísmo exacerbado que a leva a resolver os problemas que estes encontram sem nada lhes pedir. Animada por uma intenção de ajudar, Amélie se revela intrusiva ao querer realizar a felicidade dos outros, apesar das circunstâncias! Ela se torna o anjo da guarda improvisado de Montmartre!

Um dia, ao pegar no braço de um cego para lhe perguntar para onde ele ia, recebi uma baita cotovelada na barriga acompanhada de um "Deixe-me em paz!" O homem conhecia seu caminho e eu me intrometi em sua vida, reduzindo assim sua liberdade! Agi igual a Amélie, em vez de me comportar como **novo nobre**. É preciso saber que a solicitude tem um espaço de exercício: a família. Por quê? Porque nesta existe somente uma pessoa: a própria família, a serviço da qual todos se colocam, agem e vivem, pais como filhos. Aliás, Amélie Poulain deixa um dia de adivinhar as carências de seus vizinhos para se casar.

Descreva três exemplos de serviços que você prestou às pessoas de sua família (avós, pais, irmão ou irmã, cônjuge, filho ou primo...) que nada lhe pediram, mas que você fazia no interesse deles e que considerava justos e legítimos!

Ex. 1:...
....
....
....
....
....
....
....
....
....
....
....
....

Ex. 2:...

....

....

....

....

....

....

....

....

....

....

Ex. 3:...

....

....

....

....

....

....

....

....

....

....

Nem fria nem muito quente, a gentileza é **quente** porque responde a um pedido. Empatia comedida, ela não vem de um excesso (a solicitude) ou de uma carência (o respeito), mas de **uma atenção para com o outro**. O pedido que o outro me dirige não passa necessariamente pela palavra: ele pode ser indicado pelo corpo, como aquela pessoa que espera ao pé de uma escada que alguém, entre os transeuntes, venha ajudá-la a carregar suas malas!

Nesses pequenos gestos faço uma primeira descoberta:

Coloquei-me a serviço do outro. Embora cidadão, tornei-me serviçal. Na França, país que aboliu a servidão em 1789 e instaurou a igualdade, vimos que servir é difícil, até mesmo vergonhoso. Não há mais servos. Ser servil é impossível; ser serviçal é difícil! No entanto, secretamente nesse pequeno gesto, redescubro o prazer de servir.

Como um cavalheiro que se ajoelha para ser investido e receber, sobre o ombro a espada que o consagra, a pessoa gentil se ajoelha mentalmente diante da pessoa que ele serve e se sente elevado moralmente pela sentença

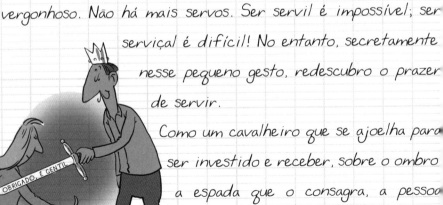

dita: "Obrigado, é gentil!" Servir tem então uma orgulhosa aparência: meu ato é apreciado! Ser serviçal se mostra viável: um enobrecimento moral consagra minha gentileza.

Escreva três exemplos que evocam o olhar brilhante da pessoa a quem você prestou um serviço que o(a) enobrecia moralmente. Lembre-se de que desde a sua infância vários beneficiários de seus serviços agradeceram calorosamente recompensando-o(a) com um "é muito gentil" cheio de energia.

Ex. 1:...

....

....

....

....

....

....

....

....

....

....

....

....

Ex. 2:..

....

....

....

....

....

....

....

....

....

Ex. 3:..

....

....

....

....

....

....

....

....

....

A segunda descoberta é muito importante: além de ser apreciad(a) descubro que gosto de prestar serviço; **meu gosto** pelo outro se revelando nesse gesto. Segurar a porta, carregar uma bolsa, indicar um caminho; outros tantos gestos pelos quais a gentileza semeia o gosto pelos outros. Na supervalorização do ego para a qual a época me arrasta, a gentileza me leva para o outro. Sendo serviçal, descubro-me alter ego: o **outro** é um eu, e eu sou um outro. Ao sair da minha torre de marfim e de meu isolamento ou de minha proteção, reconheço meu valor "pelo" outro. Tomo consciência de que sou tanto mais profund(a) quanto mais saio de mim para ir em direção ao outro que também se dirige a mim com seu pedido. Essa saída do ego é como sair do lodo: o gosto pelo outro tem um baita sabor!

37

Saboreie esse gosto pelo outro com três exemplos que lhe deram esse prazer e o fizeram sentir essa força que consiste em dar, e não em receber.

Ex. 1:..

....

....

....

....

....

....

Ex.2:..

....

....

....

....

Ex. 3:..

....

....

....

....

....

A terceira descoberta é ainda mais paradoxal *do que as duas anteriores – a do cavalheiro dos pequenos gestos e a do gosto pelos outros –, ilustrando o verso de Paul Valéry: "O mais profundo é a pele".* Mais presto serviço, mais eu sinto força e reverência com isso, mais tomo consciência do que sou: não um eu, mas um não eu.

Pela gentileza, aprendo a me desapegar de mim para criar uma relação na qual descubro um poder: o de tecelão. Sou aquele que tece relações com meus pequenos gestos. Pouco importa meu perfil social, a categoria socioprofissional à qual pertenço: sou um tear. Platão já dizia que o rei é um tecelão. Retomemos essa ideia para dizer que é menos a política que tece e entrelaça os fios constituídos por todo cidadão do que os atos de gentileza que revestem a sociedade com um bom humor sólido e profundo.

Encontre três situações nas quais você sentiu que para além desse pequeno gesto de gentileza estava tecendo uma relação que constituía um embrião contagiante da vida social.

Ex. 1:...

....

....

....

....

....

....

Ex. 2:...

....

....

....

....

....

....

Ex. 3:...

....

....

....

....

....

Depois desses nove exemplos que descrevem uma ascese – essa ascensão espiritual que (a) leva a descobrir a nobreza moral, depois o altruísmo, por fim o humanismo ou a sociabilidade – descreva um episódio no qual um dia você se recusou a prestar um serviço a alguém. Depois mostre que o seu impedimento de ser gentil foi principalmente um **egoísmo confortável** e **conformista** que constituía a chave de inúmeras reações. Por fim, explique que você não teria morrido se tivesse prestado esse serviço e que ele poderia ter convertido mais cedo seu olhar sobre a empatia serviçal que funda o humano e o humanismo. (Nós aplicamos a gentileza e, portanto, somos francos, no interior deste caderno: não tenha medo, todos nós um dia estivemos nesse caso e a boa notícia é que a arte de viver como uma pessoa gentil é algo que se aperfeiçoa!)

Exemplo de uma recusa em ser gentil:

....

....

....

....

....

....

Cite uma pessoa gentil, homem ou mulher, que você admira e pergunte-se o que falta a você hoje para se comportar como ela:

....

....

....

....

....

....

....

....

....

A gentileza é uma moral do poder, não do dever. Sou gentil quando quero, quando posso, mas não quando devo. Se eu "devesse" ser gentil não haveria mais empatia. Eu "sinto" que a pessoa que me pede um serviço precisa dele. Primeira coisa. Mas também "sinto" que estou "disposto(a)" a lhe prestar esse serviço; porém, às vezes falta-me esta disposição. Nem por isso sou uma pessoa má. Apenas existe, no momento presente, uma outra prioridade. Sabendo que minha vocação de pessoa gentil é pontual e intermitente, não tenho de fazer da gentileza um imperativo.

Ilustração: Maria trabalha no caixa em um supermercado. A greve de transportes fez com que se atrasasse. Ao sair do ônibus ou do metrô um turista a interpela e pergunta: "Where is the Eiffel Tower?" Ela se desculpa – in english of course – e pede que ele pergunte a outra pessoa.

Resultado: "ela não chutou o pau da barraca", o turista não está morto nem perdido e ela não privilegiou seu "eu". Simplesmente procurou não agravar as sanções que irá receber por causa de seu atraso.

Lembre-se de três situações nas quais optou por não prestar um serviço à pessoa que lhe pediu sem, no entanto, se entregar ao seu egocentrismo.

Ex. 1:..
....
....
....
....
....
....
....

43

Ex. 2:...
....
....
....

Ex. 3:...
....
....
....

Vamos avançar um pouco mais. Em nossa sociedade centrada no ego há pessoas que esculpem exaustivamente seu eu. Vamos chamar de mau aquele que instrumentaliza o outro e de cínico aquele que se faz passar por uma pessoa gentil. Vale lembrar que na língua francesa a palavra mau (méchant) vem do francês antigo "meschoir"; isto é, cair de mau jeito. Sendo evidente que o mau, aquele que faz com que os outros caiam, também acaba caindo. Quanto ao cínico moderno, ele é gentil (isto é, benevolente) nos meios, mas mau no objetivo; é alguém mau que avança de forma dissimulada e que ignora a pequenez que motiva seus gestos!

Encontre três exemplos de mau (que você foi ou que encontrou) e três exemplos de cínico (que você foi ou que encontrou).

Os maus:

Ex. 1:...
....
....
....
....
....
....

Ex. 2:...
....
....
....
....
....
....

Ex. 3:...
....
....
....
....
....

Os cínicos:

Ex. 1:...
....
....
....
....
....
....
....

Ex. 2:...
....
....
....
....
....

Ex. 3:...
....
....
....
....
....

A gentileza, ao contrário, é um convite à viagem que pode conduzir a uma mudança de rumo. Simplificando: cada um de nós dá um pouco do seu tempo ao outro, mas alguns – uma pequena parcela da humanidade – decidiram **dar tudo**. Vamos chamá-los de sábios ou santos. A vida deles é uma doação absoluta. A pessoa gentil dá partículas de si; o sábio ou o santo se doa **totalmente**. Vista assim, a gentileza constitui um aperitivo ao amor integral: ela me **dá** o gosto dos outros sem exigir que eu me doe a eles completamente.

Dê três exemplos de pessoas, vivas ou mortas, conhecidas ou desconhecidas, que passaram para o outro lado do espelho dando-se totalmente. Alguém gentil que se tornou sábio ou santo que o(a) inspira ou sempre o(a) comoveu.

Ex. 1:..

....

....

....

....

....

....

....

....

Ex. 2:..
....
....
....
....
....
....
....
....
....

Ex. 3:..
....
....
....
....
....
....
....
....
....

III - A gentileza no trabalho

A gentileza tem, pois, ao menos dois territórios: a rua e a empresa. Vimos que ela não tinha pertinência na família. Não sou gentil com meus filhos ou com meus pais, pois é preciso muito mais **alteridade** ou **estranheza** entre o praticante e o beneficiário para praticar essa virtude. A família implica a familiaridade, não a estranheza. Na rua constatamos que circulava uma força decorrente desses pequenos gestos serviçais.

Encontre agora três exemplos sobre o outro território da gentileza; ou seja, seu lugar de trabalho. A quem você prestou serviço nesse lugar e qual era a posição dessa pessoa na hierarquia?

Ex. 1:..
....
....

Ex. 2:..
....
....

Ex.3:..
....
....

Hoje, o que (a) impede de ser mais gentil na empresa? Marque as respostas relativas a você:

➥ O medo de não ser respeitad(a).
➥ A competição entre os colegas.
➥ A ambição e o desejo de mais poder.
➥ A impressão de que ser gentil me fará ser considerad(a) como um subordinad(a) ou um(a) puxa-saco.
➥ A falta de utilidade.

Outro lugar, mesmos costumes: depois da rua, a empresa é, portanto, esse lugar onde a gentileza pode desabrochar de maneira frutuosa. Os exemplos que você acabou de apontar mostram que na informalidade das relações criada pela gentileza se desprende um bom humor e uma atmosfera melhor de trabalho do que aquela decorrente de relações humanas compartimentadas pelas funções de cada empregado. A empresa, lugar alicerçado na produção de riqueza, colocou, no entanto, as Relações Humanas (as famosas RH lamentavelmente rebatizadas de Recursos Humanos) sob o regime da eficácia em detrimento do bom humor.

O problema da atmosfera tensa dentro de uma empresa decorre, por um lado, do fato de a empresa não ser a família (embora esta possa gerar algumas tensões) e, por outro, do fato de seguir uma lógica econômica à qual os empregados deveriam se redobrar, de acordo com uma certa ideologia. É lógico que tal prática dos RH também acaba provocando entre os empregados **estresse** e **burnout**, esta última palavra significando **combustão** e, por extensão, esgotamento de tanto trabalhar ou de sofrer tensões no trabalho. Essas duas palavras inglesas (o estresse teria, contudo, uma origem no francês antigo, **estrece**, que significa estreiteza e opressão) remeteriam a **uma lógica de produção e de competição** que dá pouca importância à psicologia dos empregados e à alma da empresa. Que vença o melhor! Ou, como Darwin diz sobre o reino animal, em relação à sobrevivência das espécies, **struggle for life**, ou seja, haveria uma luta pela vida.

Encontre três exemplos de palavras inglesas que, em seu lugar de trabalho, são importantes e parecem expressar a linha e os valores dessa empresa.

Ex. 1:..

Ex. 2:..

Ex. 3:..

Descreva três exemplos de empregados em sua empresa que ficaram estressados ou sofreram *burnout* (inclusive você, se for o caso). Deixemos de lado os suicidas.

Ex. 1:..

....

....

Ex. 2:..

....

....

Ex. 3:..

....

....

Se essas palavras inglesas se impõem aqui e em outros países, a razão para isso vem da gestão realizada nas empresas, que não passa de um copiar e colar aquilo que se faz em inúmeras empresas anglo-saxãs. Segundo essa lógica de gestão, frieza, organogramas, regras e jargões ingleses – le globish, ou global english – parecem constituir o quadro no qual o trabalho deve ser exercido. Dizendo de outra forma, essa forma de gestão praticada é muitas vezes o sinal de uma colonização ideológica e cultural vinda da América. Para administrar uma equipe parece ser necessário que os empregados entrem em um molde no qual a personalidade de cada um desaparece para que a empresa seja mais produtiva, mais competitiva e mais poderosa. Administrar equivaleria então a fazer a empresa funcionar como um exército e o empregado como um bom soldado. O gestor como novo sargento? O RH como novo coronel? O patrão como novo general?

Não é bem assim. Não nos esqueçamos de que "**management**" vem da palavra francesa "**manège**", o espaço onde os cavalos são adestrados. Essa etimologia nos convida a (r)estabelecer nas empresas uma corrente que circula! O cavalo, animal de fuga, precisa receber empatia para que se obtenha alguma coisa dele. É claro que o empregado não deve ser adestrado; mas também não pode ser tratado friamente, sendo importante que a gentileza restabeleça o calor nas relações humanas.

Conte três episódios de Relações Humanas (RH) que você constatou em seu lugar de trabalho atual ou antigo.

Primeiro, o exemplo de uma relação má ou cínica de um gestor, de um DRH ou de um patrão em relação a você ou a algum de seus colegas.

Ex. 1:..

....

....

Em seguida, o exemplo de uma relação centrada no desempenho e que, mesmo não sendo mal-intencionada, revela-se fria e relega o empregado a ser apenas um instrumento dos objetivos que lhe foram fixados.

Ex. 2:..

....

....

Por fim, o exemplo de uma relação quente na qual o superior hierárquico considera o empregado sobretudo como um sujeito e uma pessoa, não como um objeto e uma ferramenta.

Ex. 3:..

....

....

Com seus exemplos você constata que o gestor desempenha um papel-chave na vida da empresa, embora ele próprio seja um intermediário entre a direção e os empregados que supervisiona. Na diplomacia, o ombudsman é um intermediário que tenta conciliar dois países em conflito. Nas religiões monoteístas o anjo é um meio entre os homens e Deus.

Mostre como o gestor vive sua função:
Seja como uma contradição entre a direção (ou o "gestor principal") e os empregados.

Ex. 1:...

....

....

Seja como uma harmonização entre a base e o topo.

Ex. 2:...

....

....

Então, o gestor é anjo ou demônio, *gentleman* ou *bad boy*?

Ex. 3:...

....

....

É evidente que a função de gestor não é fácil, sobretudo se a sua harmonização do topo com a base consiste em submeter a segunda à primeira. No entanto, a pressão e a opressão não podem ser mais desejáveis para a empresa e seus desempenhos econômicos do que a empatia e a boa atmosfera. Em vez de acreditar que é preciso recompensar na empresa os maus e os cínicos, ou seja, os "killers", revela-se mais pertinente compreender por que semelhante modelo não é eficaz. Um gestor que encoraja aquele que pisa nos outros ao recompensá-lo com aumento de salário aplica a ideologia de que a competição entre as empresas baseia-se na competição entre os empregados no interior de sua organização. Bem observada, essa ideologia revela sua fraqueza, sua violência e sua ineficácia. O empregado que ultrapassou seus colegas agindo dessa forma também os desmotivou. De que adianta trabalhar com entusiasmo quando aquele que não é tão bom quanto eu se vê recompensado porque é tirano, mentiroso e indiferente à coletividade? Esse tipo de recompensa – ilustrado no filme Glengarry Glen Ross [O sucesso a qualquer preço] (James Foley, 1992) – veicula uma visão frágil da empresa, da economia e da sociedade. Um gestor que se dedica a criar uma boa atmosfera *tem mais chances de obter melhores resultados econômicos do que aquele do ringue de boxe.*

Classifique de 1 a 3 as situações que lhe parecem mais proveitosas para a empresa:
... — Valorizar aqueles que se impõem por suas ambições.
... — Encorajar os empregados que facilitam coesão e dinamismo de um grupo.
... — Recompensar um grupo que consegue se motivar.

Indique um exemplo de empresa que decidiu colocar em primeiro plano dos RH o bom humor, o calor humano e fazer dali um lugar para onde se vai com prazer e não com um nó no peito.

EX : ....
....
....
....
....
....

O empregado que volta para casa deprimido por causa de seu dia trabalha em uma empresa desatualizada. Em contrapartida, aquele que está contente em ir ao trabalho e que sai satisfeito com seu dia de trabalho encarna a nova empresa.

O empresário ou patrão que está na origem dessa transformação dos RH na empresa é um novo nobre. Ele compreendeu que a empresa tem dois objetivos: o primeiro visa a produção de riqueza, o segundo procura tecer relações humanas.

Esse tipo de empresário tem duas funções: uma econômica e outra política. Ele sabe que o poder político se deslocou e passou do eleito ao empresário. Por que razão? Uma razão lógica e evidente. O homem político é um tecelão, aquele que reúne os fios para fazer um tecido. Em um mundo que, desde o fim da Segunda Guerra Mundial, se revela econômico, aquele que tece vínculos não é outro senão aquele que dá poder de compra a outros homens, quer esse poder seja um salário ou um rendimento. O Estado tem apenas uma ínfima parte desse poder (por meio da redistribuição das rendas sociais e do salário dos funcionários). O cidadão não espera mais do eleito mas do empresário que ele é ou para o qual trabalha.

Mais profundamente, a empresa não é um espaço apartado do resto da sociedade, uma espécie de fortaleza econômica ou lugar "off shore". Ela se revela um espaço poroso no qual penetram valores familiares, culturais, religiosos, políticos e econômicos. Na medida em que o poder político tem pouca influência sobre a realidade econômica, as empresas devem se esforçar para levar em conta sua nova dimensão política. Para elas, não se trata, de forma alguma, de se envolver na votação de leis; o importante, em contrapartida, é que elas criem em seu interior uma atmosfera calorosa de trabalho que irradie para o exterior. Como as diferentes formas de comunidade (família, empresa, lugar de culto, assembleia deliberativa, academia etc.) não são impermeáveis umas em relação às outras, é evidente que o papel político da empresa será desempenhado em sua capacidade de transmitir para o exterior relações nas quais as pessoas se enobreçam em vez de se humilharem!

Quando entro em meu lugar de trabalho pela manhã, levo comigo minha complexidade. Mas quando saio, exporto a atmosfera de minha empresa aos lugares para onde vou: minha casa, meu lugar de culto, minha academia, a assembleia na qual delibero se sou eleito (conselho municipal, geral, regional, parlamento etc.) e a rua!

Dê dois exemplos:
Um, **negativo,** que descreva a depressão que um de seus colegas ou amigos (ou você) leva para a casa dele(a) (ou a sua) e para os lugares que ele(a) (ou você) frequenta, pois a atmosfera de trabalho é terrível ou insuportável.

Ex. 1:..
....
....

Outro, positivo, que mostre o quanto a boa atmosfera no trabalho devolve o sorriso aos lábios de seu colega ou amigo (ou a você mesmo) e exporta a gentileza para os lugares que ele (você) frequenta.

Ex. 2:..
....
....

Constatamos assim que na rua e na empresa a gentileza desempenha um papel discreto mas frutuoso. Para além de qualquer instrução ela é sinal de nobreza de alma que se desenvolve nos e pelos pequenos gestos. O preconceito de desvalorizar a gentileza a ponto de transformá-la em uma pequena virtude, ou mesmo em uma fraqueza, vem por ignorar o efeito borboleta

Em nossa sociedade, na qual medimos o valor das coisas, temos a desagradável tendência de pensar que os pequenos gestos não valem um tostão. Já é hora de aplicar a essa virtude a teoria das catástrofes, pela qual o matemático René Thom nos explica que o bater de asas de uma borboleta na Guatemala pode modificar os pregões da bolsa em São Paulo! A gentileza é dessa ordem: tão discreta quanto o voo do inseto, ela provoca consequências invisíveis mas positivas na humanidade. Cada gesto é uma microcausa que tem megaefeitos. O problema de nossa cultura é que só levamos em conta o que vemos. Acreditamos que nossa vida decorre de grandes decisões estatais, ao passo que ela se apoia no cotidiano e duradouramente nas pequenas decisões empáticas. O mesmo ocorre com a vida dos homens que nunca aparecem na primeira página de um jornal! A gentileza constitui, pois, uma pequena empresa pela qual um pequeno gesto gera uma grande sociabilidade.

Procure um exemplo de gentileza (em sua vida, na história ou no cinema) que, como o voo da borboleta, teve consequências que seu autor não suspeitava.

Ex.: . . . .

. . . .

. . . .

. . . .

Conclusão

Atribuem a um Stuart, Jaime I, rei da Inglaterra durante o Renascimento (1566-1625), a célebre frase: "São necessárias três gerações para fazer um gentleman". O rei da Inglaterra inscrevia a nobreza no social. Na era digital a nobreza se inscreve na moral. Agora são necessários três minutos ou três segundos para fazer um homem ou uma mulher gentil: os instantes necessários para segurar uma porta, carregar uma sacola ou ajudar uma pessoa a atravessar um pequeno espaço.

O "algo a mais" que a gentileza traz:

1) O desapego de si.
2) O vínculo que tecemos com os outros.
3) O sinal de vitalidade que com ela expressamos.
4) A nobreza que ela ativa.
5) A perspectiva que ela abre: do gosto pelos outros à santidade.

A gentileza nos possibilita operar a síntese das velhas civilizações da honra e de nossa sociedade da felicidade. Com um pequeno gesto nos enobrecemos e espalhamos uma alegria que molda a vida social.

Olhe o futuro e o horizonte com mais alegria toda vez que você foi gentil ou que alguém o foi com você. Esse gesto não é banal; é um canal que espalha ar fresco em suas veias e neste planeta que se aquece.

De agora em diante, diga a si mesmo que você tem a coragem de ser gentil. E, ao recitar esta frase de Francis Blanche, compreenda que além de ter sorte você é um soldado do amor: "Posso me defender da maldade; não posso me defender da gentileza!" À questão "Devo ser gentil?" a resposta aparece agora claramente: **Apenas seja!**

Por último, mas não menos importante: *conte uma historieta que mostre que você pertence, por um gesto de gentileza, a essa nobreza pós-moderna que deve mais às partículas do eu que damos do que à partícula do nome que herdamos!*

A historieta:

....
....
....
....
....
....
....

Coleção Praticando o Bem-estar
Selecione sua próxima leitura

- ❑ Caderno de exercícios para aprender a ser feliz
- ❑ Caderno de exercícios para saber desapegar-se
- ❑ Caderno de exercícios para aumentar a autoestima
- ❑ Caderno de exercícios para superar as crises
- ❑ Caderno de exercícios para descobrir os seus talentos ocultos
- ❑ Caderno de exercícios de meditação no cotidiano
- ❑ Caderno de exercícios para ficar zen em um mundo agitado
- ❑ Caderno de exercícios de inteligência emocional
- ❑ Caderno de exercícios para cuidar de si mesmo
- ❑ Caderno de exercícios para cultivar a alegria de viver no cotidiano
- ❑ Caderno de exercícios e dicas para fazer amigos e ampliar suas relações
- ❑ Caderno de exercícios para desacelerar quando tudo vai rápido demais
- ❑ Caderno de exercícios para aprender a amar-se, amar e – por que não? – ser amad(a)
- ❑ Caderno de exercícios para ousar realizar seus sonhos
- ❑ Caderno de exercícios para saber maravilhar-se
- ❑ Caderno de exercícios para ver tudo cor-de-rosa
- ❑ Caderno de exercícios para se afirmar e – enfim – ousar dizer não
- ❑ Caderno de exercícios para viver sua raiva de forma positiva
- ❑ Caderno de exercícios para se desvencilhar de tudo o que é inútil
- ❑ Caderno de exercícios de simplicidade feliz
- ❑ Caderno de exercícios para viver livre e parar de se culpar
- ❑ Caderno de exercícios dos fabulosos poderes da generosidade

- ❑ Caderno de exercícios para aceitar seu próprio corpo
- ❑ Caderno de exercícios de gratidão
- ❑ Caderno de exercícios para evoluir graças às pessoas difíceis
- ❑ Caderno de exercícios de atenção plena
- ❑ Caderno de exercícios para fazer casais felizes
- ❑ Caderno de exercícios para aliviar as feridas do coração
- ❑ Caderno de exercícios de comunicação não verbal
- ❑ Caderno de exercícios para se organizar melhor e viver sem estresse
- ❑ Caderno de exercícios de eficácia pessoal
- ❑ Caderno de exercícios para ousar mudar a sua vida
- ❑ Caderno de exercícios para praticar a lei da atração
- ❑ Caderno de exercícios para gestão de conflitos
- ❑ Caderno de exercícios do perdão segundo o Ho'oponopono
- ❑ Caderno de exercícios para atrair felicidade e sucesso
- ❑ Caderno de exercícios de Psicologia Positiva
- ❑ Caderno de exercícios de Comunicação Não Violenta
- ❑ Caderno de exercícios para se libertar de seus medos
- ❑ Caderno de exercícios de gentileza
- ❑ Caderno de exercícios de Comunicação Não Violenta com as crianças
- ❑ Caderno de exercícios de espiritualidade como uma xícara de chá
- ❑ Caderno de exercícios para praticar o ho'oponopono
- ❑ Caderno de exercícios para convencer facilmente em qualquer situação